# Littérature Méridionale.

# MANIFESTE!

PAR M. EDOUARD DE PUYCOUSIN,

MEMBRE DE LA SOCIÉTÉ DES SCIENCES, ARTS ET BELLES-LETTRES DU DÉPARTEMENT DU VAR.

PRIX : 50 CENTIMES.

SE TROUVE :

DANS TOUT LE MIDI,

CHEZ LES PRINCIPAUX LIBRAIRES;

*A TOULON SUR MER,*

CHEZ CANQUOIN [illegible], RUE [illegible], N° 1,

ET CHEZ [illegible]

[illegible]

A LA LIBRAIRIE [illegible]

Rue des [illegible] Arts, N° 1[illegible]

1834.

POUR PARAITRE AU 10 AOUT PROCHAIN.

# LITTÉRATURE MÉRIDIONALE.

# POÉSIES MARITIMES

## ET FANTASTIQUES,

PAR M. ÉDOUARD DE PUYCOUSIN.

1 Volume in-octavo.

(ÉDITION DE LUXE.)

PRIX : 5 Fr.

ON SOUSCRIT : dans le MIDI, chez tous les libraires; A MARSEILLE, chez Camoin, libraire, place royale; A AIX, chez Aubin, libraire, au haut du cours; A ALGER, chez Philippe, libraire, rue Jénina, n° 140; A LYON, chez Mme Durval, libraire, place des Célestins; A TOULON, chez Canquoin, éditeur, rue Neuve, n° 1, et chez tous les libraires; A PARIS, à la librairie Provinciale.

ERRATUM. — Au P. S., ligne 12, au lieu de *ligne*, lisez *ligue*.

TOULON, IMPRIMERIE ET LITH. DE CANQUOIN.

# Manifeste.

# POÉSIES MARITIMES

# POÉSIES MARITIMES

ERRATUM. … ligne 12, au lieu de *ligne*, lisez *ligne*

# Manifeste.

# Manifeste.

Voyez ! élégante, parée, superbe, mais froide, terne, morne; ne dirait-on pas de cette ville une carène immense échouée sur le sable et lentement gagnée par l'eau. . . . . . . . . .

Écoutez ! Du sein de cette rumeur sourde, confuse, incessante, qui roule d'un bout à l'autre de la ville, ne vous semble-t-il pas ouïr une grande voix disant : « Je suis la reine des cités et la capitale du monde.

« Où sont-ils donc les insensés qui parlent de remuer l'univers et qui cher-
« chent hors de moi le bras, le levier, et le point d'appui.

« J'agis, et les nations se demandent quel météore éclatant enflamme l'at-
« mosphère.

« Je parle, et ma parole d'échos en échos se propage à l'orient et à l'occident,
« au midi et au nord.

« Je pense, et l'ombre dont ma pensée voile ma face obscurcit la terre.

« Ne suis-je pas le creuset où s'amalgament et s'épurent toutes les opinions,
« toutes les doctrines, tous les systèmes, et n'est-ce pas moi qui jette aux
« peuples la pensée de l'humanité, frappée à mon effigie. . . . . . . .

« Dieu, en me pesant dans ses balances, m'a trouvée lourde à l'égal d'un
« monde.

« . . . . . . . . . Je suis le Panthéon où toutes les gloires ont des autels, et
« nul n'est dieu sans mon apothéose. »

Paris ! Paris ! écoute à ton tour : Voici qu'à t'entendre le peuple s'est pris d'humeur à te répondre. . . . . . . .

Voici qu'à t'entendre ce peuple se redresse. . . . . . . et que, debout, les bras croisés, attachant sur ta face orgueilleuse et pâle ses milliers de regards, de la voix du juge parlant à l'accusé; il te répond par ma bouche; écoute !

« Tu rêves, ô Paris ! Ces jours ne sont plus où tu brillais comme le soleil
« du monde ;

« Jours où la France échauffée par toi, s'attelait au char de la révolution,
« et le poussait dans toutes les capitales de l'Europe. . . . . . . .

« Tout ce que nous savons de toi, aujourd'hui, c'est que tu règles l'impôt,
« tailles le budget, organises le fisc, et que les mille avenues qui rayonnent au-
« tour de toi, sont comme autant de bras de géant qui s'étendent au loin,
« prennent, ramassent, fouillent, pressurent, extorquent, pompent, puisent,
« tordent, et toujours te rapportent la part énorme que tu dévores paisible-
« ment. . . . . . . .

« Vas ! tu ne connais pas le peuple, et le peuple ne te connaît pas.

« Et c'est pourquoi, moi, peuple de travailleurs, abandonné sans prévoyance
« sans amour, à tes fatigues, à ta misère, à ta honte, à ta colère, à tes dé-
« sordres ;

« Je te le dis, à toi, reine des cités et capitale du monde, . . . . . . . .

« JE CASSE PARIS. »

(A PARIS.)

# Manifeste.

Depuis juillet, depuis que trois jours de révolution ont donné le branle à toutes les idées, ont tout remis en mouvement, hommes, choses, croyances, partis; en politique, en littérature, en religion; depuis que tout a été remué par les quelques heures que la France a passées sur la place publique; depuis cette grande secousse donnée à toutes les activités, à tous les esprits — dans les journaux les cercles, les réunions, les sociétés savantes, les discussions d'artistes, d'un bout de la France à l'autre ce cri s'est fait entendre :

DÉCENTRALISATION LITTÉRAIRE !

Il n'est pas dans les départemens un homme de quelque valeur littéraire, de quelque portée intellectuelle qui ne supporte avec honte le poids de l'absorption parisienne, qui n'ait soif d'une complète émancipation des départemens; pas un journal qui appelé à s'expliquer sur le grand vasselage auquel la littérature parisienne à la prétention d'enchaîner la province, n'ait des paroles d'amertume contre les futilités écrites que nous force à subir Paris, contre les strass qu'elle nous donne pour des joyaux de prix, et qu'elle nons force à accepter parceque c'est elle, Paris, qui nous les envoie.

C'est qu'en vérité, lorsque côte à côte des hautaines prétentions de la littérature de Paris, lorsqu'à côté de ses sarcasmes et de ses dédaigneuses railleries contre tout ce qui n'est pas elle, on vient à placer les productions actuelles des littérateurs parisiens, — leurs contes toujours les mêmes, — leurs romans toujours les mêmes, — leurs romans empruntés à des contes, — leurs contes empruntés à des romans, — et lorsqu'on mesure les prétentions à l'œuvre, la taillle de cette littérature à la hauteur de la complaisance avec laquelle elle se mire et s'admire, — en vérité, on ne peut se défendre d'un sentiment de colère et d'aigreur, et en jetant un coup d'œil sur tant de verve étouffée qui bouillonne inutilement de toutes parts sur toute la surface de la France, on ne peut s'empêcher de s'écrier : *Décentralisation littéraire*.

Oui ! Décentralisation littéraire ! Décentralisation ! Car Paris, n'est plus la ville de la grande unité littéraire ! C'est une ville usée et qui a fait son temps, une *ville-constitutionnel*, ville lourde et bavardante qui nous ayant répété je ne sais combien de fois les mêmes choses, ne sait plus aujourd'hui quoi nous dire, et ne trouve rien de mieux à faire que de nous envoyer par ballots dans les départemens, des feuilles de papier presque gris avec des images.

Aussi demandez à Paris ce qu'elle a fait de l'art !

De l'art !! Elle en a fait des gravures sur bois.

Demandez-lui ce qu'elle a fait de la littérature !

La littérature ! Elle l'a fait tomber en pittoresque.

Elle a ramassé quelques douzaines d'écoliers auxquels elle a adjoint Jules Janin, Balzac, Charles Nodier, et l'élite de ses écrivains, et elle leur a fait faire des publications pittoresques.

Elle avait quelques hommes de mérite, et elle les a démonétisés en leur fesant écrire dans des publications à deux sous, en style d'écrivains publics, des articles qui ne sont ni des paragraphes de livres, ni des articles de journaux.

Elle a songé à gagner de l'argent, à spéculer, et elle ne s'est pas aperçue que l'argent, que la spéculation enterraient l'art.

Elle avait un journal d'art, l'EUROPE LITTÉRAIRE, journal grave, à la hauteur de l'époque où nous vivons, et s'étant posé pour programme, ceci :

*Élever l'art à la hauteur de puissance sociale*,

Et elle a enterré son journal.

Et pendant quelque temps, elle s'est posé pour problême cela : *distraire*, *amuser*, *faire rire*.

Oh ! faire rire ! quand nous sortons de deux ébranlemens, de deux tempêtes, qui ont tout remis en question, tout laissé à refaire, tout imposé à renouveler — lorsque partout les plus graves questions sociales se présentent en demandant à grands cris une solution — lorsqu'on ne peut faire un pas sans heurter du pied une ruine du passé, un monument tombé, dont les débris appellent une construction nouvelle !!!

Faire rire ! lorsqu'il faudrait que l'art se refit, que la politique se refit, que la société se refit !!!

Eh ! mon Dieu ! Toute la population de France est-elle donc comme une partie de celle de Paris une population d'oisifs, et de désœuvrés ? Toute la France vit-elle donc comme Paris sous un ciel épais et sous une calotte de plomb ? N'y a-t-il pas quelque part en France un soleil ardent qui échauffe les cranes, fait bouillonner le sang dans les veines, remue les intelligences, et fait battre les cœurs?

Mais Paris ne comprend plus cela. Reine autrefois par les armes, reine par la littérature, reine de l'Europe, qu'elle pétrissait à son image après l'avoir découpée de sa large épée, elle n'est aujourd'hui plus reine en rien.

Si elle politique, sa politique louche et bâtarde ne sait ni dire fermement ce qu'elle veut faire, ni proclamer hautement ce qu'elle veut empêcher. Elle envoie son drapeau parader sous les murs de Lisbonne, et s'en revient s'applaudir de son triomphe comme si elle avait fait la conquête du Portugal. Elle pose un pied honteux à Ancone et elle crie victoire comme si elle avait conquis l'Italie après avoir effectué un nouveau passage du mont St-Bernard.

Enfin, s'agit-il pour elle de se nommer des mandataires, elle se fait présenter une longue liste de candidats, compare, juge, pèse, examine, et finit par envoyer pour la représenter à la tribune tout ce qu'il y a de plus médiocre en fait de médiocrités.

Voilà, voilà Paris tout entier, Paris littéraire et politique ; n'ayant plus ni assez de force dans les reins, ni assez d'énergie dans la parole pour dire : *je veux*, et n'ayant conservé de sa longue domination littéraire que des prétentions démesurées, une complète inutilité sociale comme art, et un persifflage de régence.

Aussi, nous croyons que le moment est venu de mettre Paris à nu dans toutes ses plaies, d'élever une bannière nouvelle dans les départemens, et d'opposer à la littérature parisienne une LITTÉRATURE MÉRIDIONALE.

Et pour commencer nous donnons un livre, mauvais peut-être, mais qui aura du moins le mérite d'avoir commencé le mouvement.

D'autres viendront après nous.

L'art remonta autrefois du MIDI au Nord ; qu'il descende maintenant du Nord au MIDI. Et que la France soit partagée en deux camps littéraires bien tranchés : le camp parisien, et le camp MÉRIDIONAL.

Que Paris continue sa littérature légère, son papillonnage et son papillotage, sa petite littérature chatoyante, scintillante, superficielle et creuse dont Jules Janin est le dernier mot !!! que suivant l'expression heureuse d'un de nos journaux, elle continne de tourner avec grâce dans un cercle qui a son point d'appui à Notre-Dame et sa circonférence à la banlieue!!!

Le Midi a de plus grandes choses à faire. Il a d'autres évolutions à accomplir.

L'Orient et l'Afrique sont en face de lui, qui ne demandent qu'à lui ouvrir tous les flots de leur poésie d'or, toutes les féeries de leur imagination éblouissante; la molle et langoureuse Italie, la chaude, l'ardente Espagne sont là qui l'attendent avec leurs amours fougeux ou voluptueux, leur souvenirs Arabes et leurs pompes du Vatican, leurs courtisannes folles, leurs combats de taureaux, leurs danses castillanes et sévilloises; leur opulence passée si magnifique encore dans ses débris; leurs villes de marbre et leurs villas de feuilles vertes et d'eaux; leurs jardins d'orangers et de citroniers, leurs sérénades de nuit, leurs débauches de jour, leurs soupirs de mandolines et leurs bruits de castagnettes.

Placé entre Grenade et Constantinople, s'inspirant d'un côté aux flots bleus du Bosphore, dè l'autre aux ogives de l'Allambrah; pouvant rêver aujourd'hui sur les sauvages escarpemens et sous les grands arbres des forêts vierges de la Corse, demain au milieu des brises parfumées des sycomores et des palmiers d'Alger, au milieu de tout le bruissement de la civilisation d'Occident qui prend racine dans cette colonie naissante, ayant en face de lui l'Égypte, hiéroglyphe vivant du passé, où chaque débris de monument est un débris de cent coudées, le MIDI — le MIDI touche à toutes les sources d'art, de science, de poésie.

Il est incessamment alimenté à deux inépuisables foyers de SENTIMENT et de vie : UN BEAU CIEL ; — UNE BELLE MER.

Qu'il laisse donc Paris importer sous son ciel de brouillards les nébuleuses productions d'Allemagne, les *humouristes* saillies d'Angleterre.

A lui, MIDI, le MIDI !

A lui, tout ce qui vit comme lui sous un ciel de lumière ! —

A lui, l'Orient! — A lui, l'Afrique! — A lui, l'Italie ! — A lui, l'Espagne ! — A lui, son beau ciel! A lui, sa méditerranée! — A lui tout ce qui tourbillonne sous un horizon de flamme! Tout ce qui est poésie, verve, enthousiasme; luxe asiatique, pompe orientale, flots de lumière; feux de topazes, de saphirs et de rubis; éclat des perles et des diamans semés avec tant de prodigue magnificence dans le ciel, dans le sol, et dans les contes de l'Orient!!

A l'œuvre donc, vous toutes villes du MIDI, nos sœurs cadettes ou aînées; —

Aix, la vieille capitale de Provence, qui comptes une société d'antiquaires dans ton sein, et qui n'as pas encore eu d'artiste, d'historiens, pour dire tes douze portes, ton enceinte de murailles, ici crénelée, là délabrée, tes promenades et tes marchés; tes fontaines jaillissantes et tes aqueducs encore debout, tes eaux minérales, ta porte de fer qui s'ouvre devant ton cours comme la grille d'un parc, tes hôtels de pierre et tes nombreuses églises dentelées qui ressemblent toutes à des cathédrales; — Toulouse la savante, qui as un capitole sur lequel le christianisme a passé sans le foudroyer, qui fais des revues méridionales et des congrès méridionaux, et qui la première as essayé de représenter par tes journaux la France méridionale ; —

Montpellier, à la faculté de médecine qui a fourni aux sciences, DELPECH ; —

Nîmes, aux arènes encore conservées ; —

Avignon la papale, d'où la thiare a un jour dominé le monde, et qui gardes encore le souvenir de tes papes, ces empereurs du catholicisme, alors que le catholicisme était une puissance et que nul ne songeait à protester contre lui ; —

Grasse, l'orient de la Provence, qui expédies dans toutes les villes de l'Europe, les huiles, les essences et les parfums élaborés dans tes odorans ateliers ; —

Marseille, sortie des flancs de la Phocée, et qui es toujours la ville Grecque, la ville artiste; où le sentiment du BEAU vit profondément au cœur des masses ; qui es véritablement une ville d'enthousiasme; Marseille, qui te poétises sans cesse de toutes les poésies de mœurs, de langages, et de costumes, des nations diverses que ton industrie pousse à tes bazars ; qui es toi-même comme une mosaïque de peuples; qui sèmes dans ton enceinte des arcs de triomphe et des obélisques, qui t'électrises à l'idée de tout ce qui est grand, élèves dans ton athénée un temple à la science et plus loin bâtis aux beaux-arts un hôtel splendide!!!

A l'œuvre, à l'œuvre!

A l'œuvre aussi, toi, Toulon, ville à la population incessamment renouvellée, aux quais bigarrés de soldats et de matelots, où se pressent et se coudoient les uniformes de nos légions de France et d'Afrique, de notre marine et de notre artillerie; qui as des flottes et des arsenaux, et des chantiers d'où sortent tout armés des navires semblables à des villes; qui envoies le pavillon français flotter sur toutes les mers, et, d'où partent de temps à autre des expéditions pour faire LE TOUR DU MONDE.

A l'œuvre, et qu'il soit élevé à la gloire du MIDI, — UNE LITTÉRATURE MÉRIDIONALE.

Toulon-sur-mer. — Juillet 1834.

ÉDOUARD DE PUYCOUSIN.

*P.S.* — Ce manifeste va servir de préface à un livre de LITTÉRATURE MÉRIDIONALE, intitulé: POÉSIES MARITIMES ET FANTASTIQUES, qui paraîtra le 10 août prochain.

Nous demandons aux sociétés savantes et littéraires du MIDI, aux hommes s'occupant de Sciences, de Belles-Lettres ou Arts leur adhésion à ce mouvement de LITTÉRATURE MÉRIDIONALE.

Toutes les adhésions seront imprimées à la suite du manifeste.

Nous espérons que les journaux du MIDI entreront dans la ligne pour soutenir le mouvement, et que nous serons surtout appuyés par les efforts des savans, littérateurs et artistes qui ont fondé le CONGRÈS MÉRIDIONAL.

FIN.

Canquoin, Imprimeur, rue Neuve, 1.

# FOI NOUVELLE.

## Famille de Castelnaudary.

*Paroles prononcées sur la tombe de* JEAN IZARD, *élève en pharmacie, membre de la famille.*

AMIS,

Serrons-nous autour de cette tombe, et qu'elle soit pour nous un enseignement et une source de progrès !

Ces froides dépouilles viennent d'être déposées ici, au nom d'un culte que nos mères nous ont appris à aimer, et qui nous rappelle de vénérables souvenirs. Aussi lui rendrons-nous un religieux hommage en manifestant nos regrets et notre douleur.

Mais, en présence des plus amères déceptions de la vie, nous n'avons plus seulement à verser des larmes de résignation et peut-être de défiance; nous devons surtout, groupés autour de cette tombe mystérieuse, confesser hautement d'immortelles espérances.

Oui, il faut le dire sur cette terre des morts, que nous avons bercé notre jeunesse des riantes créations du plus doux comme du plus glorieux avenir, que nous avons foi dans l'amélioration de la classe la plus nombreuse, et que nous sommes appelés à préparer un nouveau dogme pour de nouvelles sociétés.

Jeune homme! tu as cru, tu as espéré comme nous, tu as vécu de notre vie; et nous sommes venus t'accompagner en cette demeure! Que n'avons-nous aujourd'hui même, pour cette pieuse cérémonie, tout ce que notre cœur nous fait pressentir de beau, de sublime dans le culte de l'avenir! Mais nous t'offrons, à défaut de pompes solennelles, les simples mais touchantes prémices d'une religion à son berceau.. C'est une pierre de fondation que nous venons inaugurer au milieu d'imposantes ruines.

Adieu, tu nous quittes après une course qui n'est pas longue, mais tu n'en continues pas moins ton immortelle vie; et, si tu t'es endormi dans le temps, tu t'es réveillé en face d'une carrière immense, de l'incommensurable éternité!

Adieu Izard, et avec toi, jeunesse et ses rêves dorés, ses jours de fête, ses projets de lendemain, ses promesses de bonheur et d'amour!. Que Dieu Bon et Bonne te donne plus que tout cela! Et nous, qui travaillons encore à l'œuvre providentielle de la régénération du monde, nous te garderons un tendre souvenir, en retour des efforts que tu ne manqueras pas de nous prêter, sur la route qui nous reste à parcourir... Adieu, que les paroles de l'amitié t'arrivent suaves et précieuses comme le parfum qui brûle devant l'autel!

A Dieu, frère, tu vis en nous comme nous vivons en toi!

*A Dieu!!!*

Au nom de tous,

Gabriel TOUSSAINT.

20 novembre 1834.

---

Castelnaudary. Louis GROC, Imprimeur-Lib.

# AU PEUPLE

# UN CROYANT

## *De la Foi Nouvelle.*

MAINTENANT que, par un acte solennel, j'ai attiré sur moi l'attention du Peuple de mon pays, et que ma parole pourra être entendue, je la jette hautement, sûr qu'elle produira quelques fruits, et qu'elle contribuera encore à répandre la foi qui m'a été enseignée par le PÈRE.

*Dieu* dans sa bonté infinie, m'a choisi avec plusieurs pour annoncer et enseigner, que les temps sont proches, qu'il va de nouveau nous envoyer un *Messie* qui nous apprendra *à vivre dans une sainte égalité avec la Femme*, qui *sanctifiera l'industrie* et lui donnera une place dans le Temple. Fort de ma foi, je ne faillirai point à mon œuvre, et je saisirai toute circonstance pour faire entendre au peuple ma faible voix, et lui apprendre à espérer en la nouvelle promesse.

Depuis que je suis silencieux, et que, occupé d'observer et de suivre les mouvemens sociaux, je cherche avant de commencer de nouveau l'annociation, je cherche, dis-je, à bien *sentir* et *comprendre* la volonté de Dieu, afin de la bien pratiquer; quelques hommes, qui ne savent que blasphémer son saint nom, se sont établis juges de mes actes.... Ils s'en vont dans le monde, et les lui jettent à la face tout dénaturés : je n'ai point le désir de leur répondre, car le sarcasme et le blâme de quelques uns sont aussi utiles au dévelopement de ma foi que la louange et l'approbation de quelques autres. Je m'adresse à toi, Peuple, afin que si quelqu'un des tiens était tenté de les croire, je puisse les ramener et établir ma croyance à la face de tous, et une fois pour toutes.

Je crois à la foi de mes *Pères*; je crois que les prêtres chrétiens ont mission de lier et de délier jusqu'à ce que la volonté de *Dieu* se soit de nouveau *manifestée* par l'événement que j'ai mission d'annoncer, événement qui viendra placer la *femme dans une sainte égalité avec l'homme*, et *bénir l'industrie qui est encore maudite*.

Je pratiquerai de la loi chrétienne *tout ce que je croirai ne pas être contraire à ma Foi*. J'ai accepté religieusement la bénédiction du prêtre chrétien, parce qu'il faut, dans l'attente de la loi d'avenir qui n'est pas encore formulée, vivre sous les règles sociales, ou dans l'absence de toutes. Jamais l'orgueil philosophique, ou la haine des formes religieuses du passé ne me serviront de guide. Dans tout acte important, je consulte pour me conduire *ma foi en la venue d'un Messie qui nous apprendra toutes choses nouvelles*, mon cœur et ma conscience, et puis je marche ; m'embarrassant peu de la louange ou du blâme : mon passé et mon présent sont là pour justifier mes assertions.

Tous ceux qui ont assisté à mes enseignemens, tous ceux qui encore à une époque peu éloignée m'entouraient à mon lit de douleur, alors que je croyais être près de mourir, peuvent témoigner que j'ai été inébranlable dans ma foi. Je l'ai été, je le répète, non par orgueil, mais par conviction profonde. J'ai assez fait des actes, qui ont été assez diversement jugés, pour ne pas être obligé d'établir ici que j'ai le courage de les porter.... Le temps n'a pas encore blanchi ma tête, et mon corps n'a pas encore été courbé par les ans. Je commence mon apostolat.... Et dans la longue course que je crois être appelé à parcourir, *je plierai souvent devant les exigences sociales*, mais je ne ROMPRAI JAMAIS. Quelques hommes croiront peut-être, qu'en m'inclinant devant le prêtre, afin de recevoir sa bénédiction, j'ai fait un acte de mensonge.... Il n'en est rien, je crois à la bénédiction que j'ai demandée, et c'est avec toute la ferveur religieuse dont je suis capable, que je l'ai reçue. Je reviens sans cesse sur cet acte religieux, parce qu'il est le point de départ de mon annonciation nouvelle ; parce qu'il commence un phase nouvelle de ma vie ; parce qu'il rend mon annonciation encore plus sainte, puisqu'elle embrassera un plus grand nombre de faits et qu'il *me* LIE SAINTEMENT à la FEMME.

J'ai saisi cette circonstance pour poser ma foi, parce que, dans cette époque de confusion et de désordre, je crois bon et utile de le faire, afin que, lorsque le grand événement arrivera, je puisse être *récompensé* selon mes *œuvres*.

Et maintenant, peuple, tu as entendu.

Marie-Antoine **TOUSSAINT**.

Castelnaudary, le 1836.

---

Imprimerie de J. Franc, à St.-Pons.

www.ingramcontent.com/pod-product-compliance
Ingram Content Group UK Ltd.
Pitfield, Milton Keynes, MK11 3LW, UK
UKHW020537230726
13925UKWH00005B/2327